TEMAS DE PSICANÁLISE · 1

Julia Borossa

A HISTERIA

Tradução de
Miguel Serras Pereira

ALMEDINA

A Histeria

Autor
Julia Borossa

Título original
Hysteria

Tradução
Miguel Serras Pereira

Coordenação da colecção
Ivan Ward

Edição
Almedina
www.almedina.net
editora@almedina.net

Design
FBA.
info@fba.pt

Impressão e acabamento
GC.Gráfica de Coimbra, Lda.
producao@graficadecoimbra.pt

ISBN 972-40-1653-6
Depósito legal: 180080/02
Março de 2002

© 2001, Julia Borossa
Publicado em Inglaterra por Icon Books Ltd.,
Grange Road, Duxford, Cambridge CB2 4QF.

Toda a reprodução desta obra, por fotocópia ou outro qualquer processo, sem prévia autorização escrita do Editor, é ilícita e passível de procedimento judicial contra o infractor.

Enigmas, definições

"O que é a histeria?" Pode parecer lógica e metodologicamente saudável começarmos a nossa investigação por esta pergunta simples. Mas, infeliz e precisamente, acontece que se trata de uma pergunta que tem confundido, enraivecido ou entusiasmado gerações de médicos, inspirado, enfurecido ou provocado sacerdotes, psicoterapeutas, artistas e comentadores da vida social. O termo "histeria" começou a circular há mais de dois mil anos. Considera-se, habitualmente, que Hipócrates, o "pai da medicina", foi o primeiro a usá-lo como um termo descritivo genérico designando perturbações do útero; mas uma entidade mórbida correspondente ao mesmo termo é identificável vários séculos antes, e aparece documentada em manuscritos egípcios. Todavia, não existe consenso quanto à questão de saber se a histeria ainda hoje existe ou se existiu sequer alguma vez, para já não falarmos da questão de se saber o que seja.

A histeria, enquanto categoria descritiva, tem sido aplicada de uma variedade de modos diferentes, segundo os períodos da história e os contextos culturais. Enigmaticamente, o seu referente tem sido simultaneamente uma doença acarretando sintomas estranhos e certas formas perturbadas de comportamento. As tentativas de caracterização da histeria têm comportado a sua atribuição a uma forma particular de perturbação causada pelo "vaguear" do útero, à propensão dos pacientes para a mentira e a manipulação, a lesões do sistema nervoso, a estados de êxtase, à possessão demoníaca, a formas de protesto, a inexplicáveis epidemias. A expressão artística, a sedução, o querer coisas excessivamente, o comportamento socialmente inadequado, o partilhar de paixões – tudo isto tem dado lugar ao uso do epíteto "histérico". Doença ou desadaptação, a possibilidade de significar muitas coisas de muitas maneiras está presente nos dois usos do termo que, a traço grosso, correspondem ao uso clínico e ao uso comum. A verdade é que, como veremos, um e outro mutuamente se informam e moldam. Embora a palavra "histeria" continue a ser actualmente usada, o diagnóstico formal de histeria, com o seu quadro de sintomas particular, ou "sintomatologia", deixou em larga medida de ser aplicado no decurso do século XX. Todavia, os próprios sintomas característicos da histeria de maneira alguma desapareceram, mas passaram simplesmente a ser analisados e descritos alhures e de outras maneiras.

Enquanto doença, a histeria esteve duradouramente associada ao feminino. Embora, de tempos a tempos, fossem identificados e analisados portadores da afecção do sexo masculino, era fundamentalmente considerada uma alteração mórbida da mulher. Um aspecto-chave de manifestação da histeria era o facto de envolver o corpo do doente, de um modo que se revelava variável e não podia ser atribuído a uma causa tangível. Alguns dos sintomas clássicos da histeria incluíam um sentimento de sufocação, tosses, convulsões espectaculares, paralisia dos membros e discursos fantasiosos, mas também uma súbita incapacidade de falar, a perda do ouvido, o esquecimento da língua materna, a fluência em línguas que não se sabia que a pessoa conhecia, vómitos persistentes e impossibilidade de ingerir alimentos. Em suma, tratava-se de uma doença que parecia irracional, pouco digna de crédito e difícil de controlar.

O século XIX foi o período de apogeu da histeria, e foi então que a articulação metafórica entre sintoma e comportamento, a doença e aquele que a sofria, passou a ocupar o primeiro plano, o que teve como consequência directa revelar a localização da histeria no domínio da política sexual. Nos termos de uma concepção do mundo predominantemente patriarcal, a histérica passou a encarnar a própria feminidade, enquanto problema e enigma. Foi a partir dessa posição que Freud empreendeu a sua abordagem. A célebre pergunta: "Que quer a mulher?", que Freud formulou num dos seus últimos escritos [1], pode ser considerada uma continuação do seu confronto fecundo com a enigmática doença que começara a estudar quando jovem médico. Na realidade, não é exagerado afirmar que o encontro de Freud com a histeria e com a paciente histérica subjaz às próprias origens da psicanálise. De entre os quadros psicossomáticos, só a histeria, com a sua intensidade expressiva única e a sua capacidade de simbolizar o conflito e o sofrimento numa espécie de linguagem alternativa, preenchia as condições necessárias para ser, como viria a revelar-se, a par dos sonhos, "a estrada real do conhecimento do inconsciente" [2].

Numa perspectiva crítica do patriarcado – quer dizer, na perspectiva da teoria e da política feministas, ou também na perspectiva de certas formas de expressão artística como o surrealismo –, a histérica foi olhada ora como uma vítima (de condições sociais opressivas) ora como uma rebelde (recusando essas condições), cujo comportamento estranho e perturbador exprime um sentimento profundo de desconforto e/ou de protesto frente às limitações da situação em que se encontra. A pergunta: "Que quer a mulher?" torna-se menos uma resposta a um enigma clínico que uma resposta a uma intervenção política. Seja o que for que quer a histérica ou o histérico não é *isto* que quer.

De qualquer modo, a histeria configura uma relação problemática com a conformidade, que se expressa primordialmente na arena do corpo: com as marcas do género, fora de controlo e recusando-se a qualquer categorização fácil. Mas importa também compreender que a histeria é uma reacção a certos aspectos da subjectividade humana e, por isso, não é surpreendente que a descubramos como uma manifestação trans-histórica e transcultural. O facto de terem sido as mulheres a veicular e a encarnar essa reacção constitui em si próprio uma parte significativa das questões que a histeria ilumina. No que se refere à psicanálise, não só está presente nas suas origens um cometimento com a histeria, como esta última informa os princípios conceptuais que permitiram a sua fundação como disciplina e instituição (o inconsciente, a transferência, a contratransferência, a complexidade da sexualidade). Mas o psicanalista deve permanecer alerta: a histeria, como o próprio inconsciente, tem uma maneira própria de guardar os seus segredos.

Uma abordagem "histórica"

A reconstituição da ideia de histeria em psicanálise confronta-nos com um desafio inacostumado. Como sugerimos no parágrafo anterior, a histeria, embora tenha sido um elemento fundamental na formação da psicanálise, enquanto forma de terapia como enquanto particular sistema de pensamento, traz consigo a sua história acidentada. Torna-se necessário esclarecer um pouco mais concretamente essa história quando queremos compreender, com clareza, o que estava em jogo na problematização empreendida por Freud da subjectividade humana e da relação terapêutica. Em certo sentido, a psicanálise é o desfecho lógico das questões que a histeria foi pondo ao longo dos séculos acerca do género, do conflito e do poder, e proporciona um modo próprio de lhes dar forma narrativa, a forma das suas próprias histórias de casos. Assim, de certa maneira, a clínica psicanalítica emerge da história da histeria e exclui-a. O que torna necessário aqui retomar esta última a fim de esclarecer a primeira.

A histeria parece ter em larga medida desaparecido enquanto diagnóstico clínico imediatamente a seguir à consolidação do estatuto da psicanálise. Parte do sofrimento psíquico e do conflito em que radica a sua sintomatologia passa a manifestar-se noutras perturbações, como as alterações do apetite alimentar. Entretanto, uma especialidade clínica plenamente afirmada, a medicina psicossomática, interroga-se sobre o modo como os estados psíquicos podem causar o aparecimento de sintomas físicos – na ausência, contudo, das complexas simbolizações histéricas do conflito. Embora seja inexacto afirmar que a psicanálise pós-freudiana ignorou totalmente a histeria [3], os problemas que esta envolve foram tratados em primeiro lugar e mais claramente por esses textos emblemáticos dos começos da psicanálise, *Estudos sobre a Histeria* (1895) e "Fragmento de Análise de um Caso de Histeria" (1905). O intuito da abordagem histórica não é apresentar a histeria como fossilizada e irrelevante para o mundo contemporâneo. Muito pelo contrário: a histérica do século XIX tornou possível uma certa concepção freudiana do sujeito humano – como cindido, conflitual, centrado no sexo, alienado de si próprio – que continua fortemente presente entre nós no início do século XXI. A histeria continua a elucidar o que é ser um ser humano, e continuará a fazê-lo, sem dúvida, por algum tempo ainda na Ciber-Idade. Mas seja-nos permitido começar agora a nossa indagação, a nossa "histero-história", como, jogando com as palavras, lhe chamaria Elaine Showalter*.

---

* O jogo de palavras que em português se limita à aliteração, consiste, no texto original, no uso do neologismo *"hystory"*, que condensa graficamente, e de um modo que a língua portuguesa não permite directamente transpor, *hystery* ("histeria") e *history* ("história") *(N. do T.)*.

Espírito, matéria e comportamento

Há uma ordem bem estabelecida de reconstituição da trajectória histórica da histeria ao longo dos séculos [4]. A maior parte dos historiadores de medicina sustentam a existência no Mundo Antigo de qualquer coisa semelhante à histeria. Detectam certos aspectos que acompanharão as concepções posteriores do quadro histérico: a conexão entre os corpos das mulheres, e sobretudo o seu sistema reprodutivo, e uma dimensão suplementar que pode ser conceptualizada como psicológica – nomeadamente, a insatisfação, e, em particular, de ordem sexual. A seguinte passagem do *Timeu,* de Platão, estabelece bem o que está aqui em causa.

O útero é um animal que anseia por ter crias. Quando permanece infrutífero durante demasiado tempo depois da puberdade, sofre e fica dolorosamente perturbado, e deslocando-se pelo corpo e cortando as vias de passagem do ar, impede a respiração e causa a mais extrema aflição à padecente e provoca além disso toda a espécie de enfermidades [5].

A resposta dos médicos recomendava, entre outras coisas, uma actividade sexual mais frequente aos pacientes afligidos pelo mal.

A ascensão do Cristianismo, com a sua insistência no pecado, na depreciação da carne e na culpabilidade especial das mulheres, foi ocasião de uma inflexão profunda na história da histeria. Os ensinamentos de Santo Agostinho tiveram uma grande influência na associação das ideias de castigo divino à interpretação da doença em geral, na medida em que se considerava que o sujeito afectado estava a sofrer as consequências do pecado original. Não podemos, evidentemente, esquecer o papel muito especial desempenhado por Eva no cenário da queda. Neste contexto, o doente histérico, quase exclusivamente do sexo feminino, deixava de ser considerado como atingido por uma perturbação passível de receber tratamento e, enquanto a conotação sexual dos sintomas continuava presente, a histeria condensava a condenação e o opróbrio dos quais a mulher era objecto. A explicação mais comum do mal de que as mulheres assim sofriam era a que invocava a possessão demoníaca; a imagem da feiticeira imprimia-se na da histérica. Consequentemente, a resposta mais comum que passou a ser dada ao problema da histeria consistiu nas mais severas punições legais – a condenação, por exemplo, à morte na fogueira.

A histeria tornou-se objecto de remedicalização a partir do século XVII, e com os progressos registados em matéria de anatomia, a insistência, do útero considerado como localização do mal, passou a incidir no cérebro e no sistema nervoso. Esta viragem permitiu que se começasse a desfazer a concepção de uma associação evidente entre a histeria e a anatomia feminina, e a verdade é que, hesitantemente ainda, aparecem referidos alguns casos de histeria masculina. Mas, uma vez que a afecção deixava de ser vista como dependendo de um órgão exclusivamente feminino, passou ao mesmo tempo a ocupar o primeiro plano um discurso que associava os traços carácter histérico e a feminidade. A meados do século XIX, a histeria era, sem dúvida, considerada uma doença, mas uma doença inseparável de uma certa forma de comportamento indevido, comportamento considerado então (e em grande medida ainda hoje) como essencialmente feminino. Embora o núcleo do quadro clínico – sintomas físicos variáveis sem causa orgânica detectável – permanecesse o mesmo, a sedução, a dissimulação, os gestos exagerados, a expressão inconveniente de emoções, os gostos ou repugnâncias excessivos, o comportamento sexual declarado ou a recusa ostensiva da sexualidade passaram a integrar uma proliferação de discursos, médicos e populares, desenvolvidos em torno da histeria. Objecto de conversas e de escritos em toda a Europa, a histeria acabaria por se tornar a doença do momento, coincidindo com as transformações profundas que afectavam a estrutura familiar sob as pressões da industrialização, sobretudo no interior de uma classe média em expansão, na qual os papéis dos homens e das mulheres conheciam uma polarização inédita, devida à separação instaurada entre os mundos do trabalho e do lar.

O modo como a estranha doença e o importuno paciente correspondente foram abordados na segunda metade do século XIX seria determinado, assim, por modelos em que se interarticulavam preocupações e práticas. O primeiro grupo incluía as teorias da hereditariedade e da degenerescência que prevaleciam ao tempo. Essas teorias tinham por efeito fornecer uma justificação científica de ordem biológica das divisões sociais, e da proclamação dos privilégios sociais que deixavam de ser considerados um direito inato e herdado no quadro da nova época burguesa. As razões da tendência para o desvio em relação a uma norma ideal (desvio que podia manifestar-se como loucura, criminalidade e inclusivamente fraqueza física ou susceptibilidade à doença) deveriam, deste modo, ser procuradas na história familiar. Embora não seja abertamente declarada culpada, a paciente histérica é, todavia, marcada pelos seus sintomas, colocada numa posição de pária suspeito e descendente de uma linhagem provavelmente também suspeita. Embora existissem decerto pacientes abastados, a classe era agora um factor de relevo no diagnóstico da histeria, o que acontecia sobretudo no caso dos homens, chefes de família e responsáveis pelo bom nome familiar [6].

O segundo grupo implicava uma concepção do ser humano como cindido entre um si-próprio *(self)* consciente e moral, e um outro ser diferente, irracional e problemático, que se tornava necessário controlar. A figura do "duplo", ou *doppelganger*, tão popular na literatura do século XIX – pensemos, por exemplo, em *Dr. Jekyll and Mr. Hyde,* de Stevenson –, é uma representação desta ideia, do mesmo modo que a concepção do *inconsciente* de Freud, a pedra basilar da psicanálise. A exibição de uma personalidade clivada ou múltipla começa a ser marcadamente considerada característica dos sintomas irracionais dos pacientes histéricos, e era explicada como uma manifestação da fraqueza do seu si-próprio racional, capaz de controlo e de autocontrolo.

O terceiro grupo ocupava-se do modo como os seres humanos na sua natureza clivada podiam ser susceptíveis à influência de outrem. A importância desta ideia, sobretudo em termos terapêuticos, era posta em evidência pelas práticas do magnetismo ou do mesmerismo, introduzidas no século XVIII pelo médico austríaco Franz

Anton Mesmer, que pensava que a boa saúde, física e psíquica, dependia do livre movimento de um fluido magnético que circulava no interior e entre todas as coisas, bem como no interior e entre todos os seres vivos. As pertubações deste fluxo poderiam ser corrigidas mediante o estabelecimento de uma relação entre um paciente (tipicamente do sexo feminino) e um indivíduo especialmente preparado, o magnetizador ou mesmerizador (tipicamente do sexo masculino). As desconfianças acerca da natureza exacta desta relação, com tonalidades eróticas patentes (o contacto dos joelhos entre o magnetizador e o magnetizado, por exemplo), a que se somavam acusações de charlatanismo, contribuíram para o descrédito público das teorias de Mesmer, mas as suas práticas sobreviveriam em vários países diferentes durante o século XIX. O método habitualmente conhecido pelo nome de hipnose permitia a investigação de toda uma gama de comportamentos e fenómenos irracionais, entre os quais se contava decerto a histeria. Segundo alguns, a hipnose continha também a promessa de uma nova forma potencial de tratamento [7].

Charcot e o espectáculo da materialidade

Por volta da década de 1880, o director do hospital da Salpêtrière, em Paris, Jean Martin Charcot e os seus seguidores dominavam a investigação da histeria na Europa. As concepções de Charcot não deixavam de ser contestadas, nomeadamente por Hyppolite Bernheim, encabeçando uma escola de pensamento rival, sediada na cidade de Nancy. Na qualidade de jovem médico, empenhado em aperfeiçoar a sua formação, Freud passou algum tempo com os dois homens, e as suas posições contrastantes acerca da histeria e do papel do médico perante ela forneceram o necessário pano de fundo às intuições que tornaram possível a Freud a elaboração da psicanálise.

Quando Charcot se deixou fascinar pela histeria na década de 1870, já obtivera renome investigando toda uma variedade de afecções neurológicas. Deu início à mobilização dos recursos do seu hospital em vista do estudo da histeria com o intuito declarado de demonstrar a sua *materialidade*. Em vez de explorar as vias através das quais o corpo e o espírito exercem, um sobre o outro, a sua influência, Charcot proclamou expressamente que a histeria implicava uma *perturbação* específica *do sistema nervoso*, enfraquecido por uma *hereditariedade incerta*. O seu ponto de partida, segundo Charcot, era devido, com frequência, a um *choque traumático*, como, por exemplo, um acidente. O choque seria, portanto, uma ocorrência física, contrastando com a ocorrência emocional que o nosso uso pós-freudiano tende a associar ao trauma. Charcot era um cientista apegado a formas de explicação claras e causais. Cognominado o *Napoleão da Neurose,* podia mostrar-se excessivamente autoritário. Mas tinha um autêntico sentido da teatralidade e também um sentido bem desenvolvido da estética visual. Freud chamava-lhe "um vidente". Todos estes aspectos contribuíram para caracterizar o trabalho que levou a cabo na Salpêtrière.

Charcot servia-se de dois meios para diagnosticar e estabelecer a histeria. Em primeiro lugar, procurava identificar os antecedentes hereditários do paciente, que fossem susceptíveis de constituir um factor contribuindo para esse quadro.

Na área da patologia nervosa, está fora de questão a geração espontânea e tudo provém sempre de algum lado, tudo tem sempre os seus antecedentes patológicos [...]. A hereditariedade é interessante porque nos faz sempre regressar ao mesmo princípio: prova-nos que a histeria não cresce só por si própria, como um cogumelo [8].

Charcot também se servia amplamente da hipnose com pacientes que podiam sofrer de histeria. Segundo as suas concepções, a susceptibilidade à hipnose implicava uma predisposição para a histeria. Charcot analisou em termos definitivos o mais exuberante dos sintomas histéricos, o grande acesso, descrevendo e documentando a regularidade dos aspectos que nele conseguira distinguir. Dividiu o acesso em quatro fases, cuja recursividade afirmava no que se refere a todos os pacientes: *i*) *Période épileptoide;* *ii*) *Période de clownisme ou des grands mouvements* (fase contraditória e ilógica); *iii*) *Attitudes passionnelles* (fase lógica), e *iv*) *Délire terminal*.

O objectivo do sistema classificatório rigoroso de Charcot era precisamente arrancar a histeria ao domínio do incognoscível. O seu projecto visava a domesticação da doença e, por extensão, da paciente histérica, tão seguramente como se tivesse descoberto a lesão exacta do seu sistema nervoso correspondente a cada um dos sintomas (coisa que, como é óbvio, nunca conseguiu).

Em seguida reforçou a sua classificação do acesso por meio de um vasto aparelho de documentação visual: diagramas, esquemas, moldes de gesso e, acima de tudo, centenas de fotografias cuidadosamente etiquetadas, que funcionavam como um registo daquilo que se passava na Salpêtrière. Numa série de imagens particularmente impressionantes, uma paciente – a bela Augustine – sorri da sua cama a um objecto de desejo imaginário, ao fotógrafo, ao auditório, a nós próprios, com uma sedução estilizada que os primeiros dias do cinema mudo nos tornou familiar. As imagens assim captadas, capturadas por Charcot, fixam o que se passava na sua narrativa favorita: "*Attitudes passionnelles*... Fase 3"![9]

Charcot também expunha as suas concepções aos discípulos – e, quando a sua fama se tornou maior, a visitantes ilustres – em conferências semanais em cujo decorrer "demonstrava" o acesso histérico. O palco do mestre neurologista era partilhado por uma das suas pacientes ao longo da conferência. O primeiro começava por interrogá-la, para, em seguida, a hipnotizar, ilustrando a sua susceptibilidade histérica. Contava, além disso, com um bando de "especialistas" fotogénicos, que exibiam a sua eloquência e os seus movimentos enquanto desempenhavam os esperados acessos de histeria. Alguns nomes persistem nos registos: Augustine, Blanche, Witman, Geneviève. A histérica podia, de facto, falar – era sempre ouvida –, mas estava ainda longe de ser escutada, uma vez que a sua expressividade, o seu tipo especial de conhecimento e de experiência eram mediados por todo o intricado aparelho da Salpêtrière montado pela representação que Charcot formava da histeria. No melhor dos casos, a competência particular da histérica consistia em tentar ser o exemplo mais refinado e mais característico da doença já domesticada. Podia ter histórias para contar, mas estas – só desimplicadamente ouvidas – constituíam apenas mais sintomas destinados a serem classificados por Charcot. Num dos seus primeiros casos particularmente pungentes, Charcot descreve uma histérica cujos ataques consistiam no reviver, uns atrás dos outros, de uma série de sustos que sofrera. A sua história foi decerto ouvida, e registada na história do caso, mas era marginalizada na narração de Charcot. Considerava-a apenas mais um sintoma, relegado para a margem. A paciente, a narradora, era reduzida a autora de uma repetição irrelevante, de um balbuciar que sintomatizava a histeria. E o reviver, a narração da sua história, repetia-se dia após dia, como a contracção ou o espasmo de qualquer outra paciente histérica, sem que isso lhe trouxesse o mais pequeno alívio [10].

Há um quadro célebre de Brouillet que retrata a cena. Charcot está a meio da sua exposição, com as suas palavras e os seus gestos expressivos mantendo sob o seu encanto uma sala cheia de homens que o escutam. Perto dele, entretanto, uma mulher está a entrar na fase inicial de um acesso histérico. A parte superior do seu corpo soçobra enquanto a mulher cai nos braços de um assistente preparado para a amparar. A imagem deste quadro, do qual podemos ver ainda hoje uma cópia por cima do divã analítico de Freud, no Museu Freud de Londres, capta o erotismo que subjaz às relações postas em acção no vasto "museu patológico" em que a Salpêtrière se tornara [11]. Integrando-se mal no projecto de Charcot de descobrir uma estrita base de implantação neurológica para a histeria, mas insinuando-se por toda a parte apesar disso, este erotismo – teorizado como transferência e contratransferência – encontraria o devido lugar no centro da concepção de Freud da neurose e da relação médico-doente. Mina também as relações de poder que, de outro modo, pareceriam operar sem ambiguidade em benefício de Charcot e dos médicos em geral, e leva a que nos interroguemos sobre o papel que a histérica estava a desempenhar. Objecto de desejo? Sujeito de uma cena de sedução? É o que aí vemos, que não compreendemos. Teremos assim de voltar a considerar mais de perto as questões que a este propósito se levantam.

O poder da sugestão

Mas devemos ainda, antes de considerarmos as transformações que a psicanálise introduziu na relação terapêutica, visitar a cena clínica dos principais rivais de Charcot. O "grupo de Nancy" tinha uma maneira um tanto diferente de abordar a histeria. Era um grupo formado por quatro homens com antecedentes profissionais distintos. O mais velho, Ambroise Liébeault, um médico de aldeia, sentiu-se fascinado pelas antigas e quase obsoletas tradições terapêuticas do mesmerismo. Mais tarde abandonou a prática convencional da medicina para se dedicar à cura por meio da hipnose, e passou a atrair uma massa enorme de pacientes. A Liébeault juntou-se Hyppolite Bernheim, que se tornou o condutor efectivo da Escola de Nancy e escreveu uma série de tratados muito apreciados sobre a histeria. Jules Liégeois, advogado, e Etienne Beaunis, especialista em questões forenses, vieram completar o grupo, dedicando-se ao estudo dos problemas jurídicos relativos à hipnose e à sugestão.

Era a *relação* entre o hipnotizador e o hipnotizado, a influência do primeiro sobre o segundo no acto de *suges-*

tão, o que constituía o principal interesse do grupo de Nancy. Consequentemente, as suas concepções sobre o estado hipnótico eram aparentemente incompatíveis com as teorias promulgadas pela Salpêtrière. Bernheim sustentava que não era um acto físico que constituía o factor hipnótico, mas um processo psíquico, uma ideia, gerada pela sugestão verbal. Mas quais os limites do poder exercido através deste processo? Poderia ser usado com fins terapêuticos? Poderia levar as pessoas à prática de crimes? Enquanto a última pergunta era especialmente interessante para Liégeois e Beaunis, Bernheim, na esteira de Liébeault, explorava a possibilidade de cura por meio da sugestão de diferentes doenças nervosas, doenças entre as quais a histeria ocupava um lugar destacado. A Escola de Nancy, na sua abordagem da hipnose, concentrava-se no acto de hipnotizar e na relação que este estabelecia, mais que no estado hipnótico em si próprio ou naquilo que podia ser levado a efeito no seu quadro. A histeria interessava-os apenas na medida em que respondia bem à sugestão.

Além disso, pressentiam que a própria sugestão era um estado universal. Segundo Bernheim, uma das bases da sugestibilidade era a credulidade, definida como "a capacidade de considerar certas coisas garantidas, sem necessidade de prova". Bernheim afirmou vigorosamente que tal capacidade era uma das pedras angulares da civilização, sem a qual não haveria "nem educação, nem tradição, nem história, nem transacções, nem contrato social"[12]. Todavia, mantinha-se a oposição entre os "facilmente sugestionáveis" e aqueles que se mostravam de um estofo mais consistente, e essa distinção podia ser sem dificuldade recuperada pelo discurso social estabelecido acerca da hereditariedade e da dignidade moral.

Na Salpêtrière, a relação erótica entre o médico e o doente e o seu efeito sobre a cura permaneciam por reconhecer, ou pelo menos por formular, ao mesmo tempo que o erotismo do comportamento de muitas histéricas era indubitável. A cura através da sugestão, no entanto, herdava do próprio mesmerismo a tonalidade suspeita da inconveniência sexual. Acresce que, na maior parte dos processos judiciais relativos a utilizações criminosas da sugestão, apareciam amantes acusados do exercício indevido de influência. Um bom exemplo foi o caso Chambige, processo em que um jovem empregado era acusado de ter hipnotizado uma respeitável dona-de-casa e de a ter arrastado à celebração de um pacto de suicídio falhado, caso que serviu também de motivo inspirador ao *best-seller* de 1901, *Le Disciple*, de Paul Bourget. Outros casos famosos na época referiram-se a excessos levando a homicídios consumados, e os jornais mostravam-se obcecados pelo problema da natureza da responsabilidade dos crimes, e sobretudo com o da culpa ou inocência femininas [13]. É interessante observarmos os paralelos, e também as diferenças, que encontramos, na nossa própria sociedade, nas discussões em torno das autoras de crimes mais conhecidas, como Myra Hindley e Rosemary West. Estariam sobre uma influência fora do natural dos seus homens? Embora tenha acabado por ser largamente posta de lado, essa possibilidade foi aventada a propósito dos dois casos.

Mas a Escola de Nancy não mostrava qualquer inclinação no sentido de teorizar ou sequer reconhecer no momento próprio essas curiosas mesclas de erotismo, apego emocional e influência. Tratava-se de uma omissão bastante típica. Pierre Janet era um psicólogo que trabalhava em Paris, e que foi levado, pela abordagem que adoptou, a ocupar-se do tratamento das doenças nervosas através de um método que combinava a rememoração pela paciente histérica do trauma com a utilização da sugestão pelo terapeuta. Janet procedeu a uma série de observações num seu estudo consagrado a doentes histéricas que sofriam de abulia, ou falta de vontade. Verificando que várias das mulheres em causa manifestavam um apego crescente ao terapeuta, Janet fazia notar que:

Aquele que as trata deixa de ser aos seus olhos um homem comum para assumir uma importância por comparação com a qual quase nada já conta [14].

Depois, procurou distinguir explicitamente aquilo que as suas pacientes sentiam por ele das *passions magnétiques* do passado, a que os seus críticos se limitavam. Assinalou também a existência de variedades muito diversas desse apego, que talvez incluíssem sentimentos eróticos, mas igualmente de ódio e aversão, ou ainda de respeito filial.

Só um observador superficial atribuiria a tal paixão uma origem vulgar e a associaria a uma necessidade erótica [15].

Janet e outros investigadores pareciam tratar o estranho fenómeno em causa do mesmo modo que Charcot a hipnose, considerando-o apenas mais um sintoma.

**Pacientes indignas de confiança:
vistas mas não escutadas**

Um outro aspecto importante destas várias atitudes perante a histeria referia-se ao fingimento – por outras palavras, à questão do crédito a ser atribuído, se é que algum o deveria ser, ao que a histérica dizia. O fingimento enquanto diagnóstico ou categoria tendia a confundir dois aspectos distintos: o da autenticidade dos sintomas e o da falsidade das formulações da paciente. Charcot foi em geral considerado um cientista que restaurou a dignidade e a respeitabilidade da histérica, o que é parcialmente verdade. Contra uma interpretação popular muito difundida, associada a uma desconfiança perante as mulheres profundamente enraizada em termos culturais, que sustentava que, não tendo os sintomas histéricos qualquer base física, eram mentiras deliberadas, Charcot pôde provar o contrário. Assim, em alguns dos seus estudos de caso, descreve complicados dispositivos que punham os meios tecnológicos, então mais recentes, ao serviço da verdade científica. Num dos exemplos, surge um mecanismo de medida da respiração que se destina a verificar o esforço que uma jovem exerce ao suportar um quilograma de peso no seu braço, que está sob o efeito rígido de uma contracção e extensão histéricas. O sujeito de controlo é um jovem assistente do sexo masculino de Charcot que mantém através do recurso à vontade consciente uma contracção semelhante. O assistente em breve começa a sentir-se incomodado e a ofegar, enquanto a respiração da jovem conserva a sua regularidade. O veredicto foi estabelecido: ela não pode estar a fingir [16].

Todavia, apesar de ter declarado autênticos os sintomas histéricos, é evidente que Charcot continuava a considerar com grande suspeita o testemunho das pacientes. Uma breve observação do modo como as interrogava revela-se, por isso, instrutiva. Sempre seguro do estatuto do seu saber e da sua competência de mestre, Charcot tinha uma ideia muito precisa daquilo que queria ouvir, como decorre até à evidência do seguinte diálogo extraído de um dos seus estudos de caso:

CHARCOT: *Vomita?*
PACIENTE: *Constantemente.*
CH.: *Está sempre a exagerar.*
(Charcot continua a fazer perguntas.)
PACIENTE: *Sim, porque...*
CH.: *Não lhe estou a pedir que me forneça teorias. Vejam como nem sempre é fácil interrogar as pacientes. Estão sempre a apresentar-nos uma quantidade de factos*

despropositados ou de interpretações que não nos servem de nada [17].

Do mesmo modo, Liégeois, com a sua formação profissional de advogado, mostrava-se sempre disposto a condenar a dissimulação histérica, bem mais que os seus colegas médicos. Pode ter reconhecido a existência das alucinações das pacientes, mas o seu tom de condenação moral é evidente quando enumera uma série de casos famosos em que se verificaram erros da justiça, ou só por pouco foram evitados, devido às falsas acusações, habitualmente de natureza sexual, proferidas por histéricas [18].

As duas escolas a que temos vindo a referir-nos concordavam em desprezar aquilo que a histérica efectivamente *dizia*. Este desprezo servia para tentar definir claramente quem de facto controlava a situação, o médico ou a paciente, o homem ou a mulher. No caso acima citado, Charcot conclui eloquentemente do seguinte modo: "Temos de saber como conduzi-las pelo recto caminho da observação desinteressada e simples." [19] Analogamente, num outro caso leva a sua paciente a adaptar-se ao seu próprio modelo teórico da doença, as quatro fases da histeria que tão cuidadosamente descreveu. Já identificou, através da descrição do ataque feita pela mãe da paciente, a fase dois *(grands mouve-*

ments) e a fase três *(attitudes passionnelles).* Apresenta à mãe uma descrição da fase um, *période épipletoide*, à laia de pergunta: "Quando cai, antes de se morder e rebolar, não fica primeiro rígida, por um momento, para depois começar a agitar-se?" A mãe responde: "Sim, muitas vezes, mas nem sempre." Charcot apressa-se a declarar que o ciclo está completo [20].

Essencialmente, a atitude que têm em comum todos os terapeutas referidos neste parágrafo é a de considerarem a própria versão que a paciente dá da sua experiência de somenos importância. Por um lado, reconhecia-se que muitas vezes a simulação histérica não podia contribuir para o que a paciente fazia, uma vez que esta última era presa das suas alucinações. Mas a descrição da histérica como simuladora continuou a coexistir com esta sua mais generosa caracterização. Fundamentalmente, as histéricas não eram objecto de confiança, não se lhes atribuía crédito nem se lhes dava ouvidos. Por fim, a despeito da crença na intervenção inevitável da hereditariedade, ou na susceptibilidade universal dos seres humanos à sugestão e à influência pessoal, um sentimento seguro do lugar que ocupavam na escala hierárquica do poder informa implicitamente os escritos clínicos destes especialistas do sexo masculino.

A histeria e a "cura pela palavra"

Em suma, todas as diversas concepções da histeria que examinámos tinham por efeito descurar a questão da relação entre a histérica e o seu médico, ainda que essa relação estivesse precisamente no centro da sua abordagem e apresentação pública do quadro. Do mesmo modo ignoravam, negavam ou distorciam persistentemente a representação daquilo que a paciente dissera sobre a sua situação, ou, dito de modo um pouco diferente, aquilo que a sua situação, a histeria, pudesse comunicar através das suas misteriosas manifestações somáticas. Enquanto objecto de investigação ou de tratamento, a paciente era na realidade reduzida à condição de objecto pelo discurso científico prevalecente.

As coisas mudariam com a publicação de *Estudos sobre a Histeria* – uma recolha de estudos de casos de que foram co-autores Sigmund Freud e um seu colega mais velho, Josef Breuer, e que representava o resultado de cerca de dez anos de reflexão sobre a histeria. No seu livro, os dois médicos sustentavam três pontos principais: primeiro, que os sintomas histéricos faziam sentido, na medida em que eram a expressão lógica de um trauma psíquico (por oposição a físico); segundo, que este trauma estava ligado a impulsos da líbido que haviam sido reprimidos, e terceiro, que a cura, de natureza catártica, dependia da rememoração e expressão do trauma sob a forma de uma narrativa, no contexto de uma relação terapêutica. A "cura pela palavra" *("talking cure")* nascera.

As cinco mulheres referidas no livro eram autorizadas, e na realidade encorajadas, a construir histórias coerentes da sua doença e, para além da sua doença, das suas vidas. O primeiro caso apresentado relatava o tratamento empreendido por Breuer de uma mulher chamada Anna O. Os seus sintomas físicos eram tão múltiplos e enigmáticos como os das demais histéricas. Configuravam uma clivagem manifesta da personalidade, alucinações, recusa de alimentos e várias perturbações dos sentidos, incluindo uma "grave desorganização funcional do discurso" e períodos de afasia (perda da capacidade que a pessoa tem de falar e de se exprimir). Anna O. caía também espontaneamente num estado hipnótico ao fim da tarde, do qual acordava para emitir queixas, repetindo uma e outra vez as palavras "tormento, tormento". Depois de um prolongado período de total incapacidade de comunicação, Breuer conseguiu dar um passo em frente decisivo através de uma intuição do "mecanismo psíquico da perturbação". "Sabia", escreveu mais tarde, "que ela se sentira profundamente afectada por alguma coisa acerca da qual decidira não falar. Quando o adivinhei e a obriguei a falar do assunto, desapareceu a inibição que até então tornara também impossível qualquer outra espécie de expressão"[21]. Breuer conseguira, portanto, entrar em contacto com Anna O. Assumira a posição do interlocutor, quebrara o isolamento que bloqueava a narração da sua história e compreendera que os seus sintomas *não se deviam ao acaso, mas faziam sentido*. A carga erótica profundamente desconfortável, dificilmente contida, do diálogo de Breuer com Anna O. não figura explicitamente no texto de apresentação do caso. Só décadas mais tarde, com a elaboração das noções de transferência e de contratransferência, pôde ser conhecido o que realmente acontecera entre o médico e a paciente. Anna O. parece ter construído uma fantasia de gravidez e designado Breuer como sendo o pai da criança em gestação ("Agora está para vir o filho do Dr. B.", dizia ela.) [22] Breuer interrompeu bruscamente o tratamento e partiu para uma segunda viagem de lua-de-mel com a esposa.

Se a importância da narração no contexto de uma relação terapêutica particular é a lição inicial a extrair deste primeiro caso de "cura pela palavra", a segunda é o recurso directo à narrativa das cenas do passado do paciente, a ideia segundo a qual "as histéricas sofrem sobretudo de reminiscências"[23]. As histórias contadas por Anna O. tinham o seu ponto de partida na presença de uma rapariga num quarto de doente. Como muitas jovens da sua época, ela consagrara-se a cuidar do seu pai doente. Fora a morte deste a transformar o curso do seu mal, precipitando a clivagem da sua consciência. No quadro desta forma contextual mais ampla, Breuer pôde estabelecer a existência de uma conexão entre os sintomas de Anna O. e as cenas particulares do seu passado que os tinham suscitado. Descobriu assim que:

Um bom número de extravagâncias extremamente obstinadas [...] foi removido quando descreveu as experiências que lhe tinham dado origem [24].

Os mesmos princípios da narração e da reminiscência intervêm no segundo caso dos *Estudos sobre a Histeria*, o de *Frau* Emmy von N., que foi a primeira cura pela palavra plenamente conduzida por Freud. Os sintomas físicos da paciente eram múltiplos: diversas dores, tiques insólitos e, como acontecia com a repetição de "tormento" no caso de Anna O., irrupções verbais súbitas e ruidosas. "Esteja quieto!" "Não diga nada!" "Não me toque!", eram os gritos recorrentes de *Frau* Emmy [25]. O método de tratamento que o próprio Freud declara ter usado consistia em larga medida na tentativa de eliminação directa dos sintomas, por meio de um processo em dois tempos: primeiro, a recolha por meio do testemunho do doente das histórias subjacentes aos sintomas; depois, a eliminação, através da sugestão, do poder afectivo das recordações em causa. Este método proporcionava a *Frau* Emmy um certo alívio sintomático momentâneo, contanto que – e tal era a lição a tirar – tivesse podido anteriormente dar voz a todas as associações patogéneas ligadas a uma combinação particular de sintomas-recordações. É neste segundo caso que a conexão entre a completude da narrativa e a qualidade da cura se torna explícita. Por exemplo, dois dos sintomas da paciente passavam por gaguejar e balbuciar quando sentia medo. Referia-se a este propósito a dois momentos traumáticos maiores de sustos sofridos no passado: a impressão de ser incapaz de permanecer silenciosa quando velava a filha doente, uma ocasião em que cavalos desenfreados a tinham confrontado com um perigo mortal. Estes dois sustos tinham passado em seguida a associar-se a qualquer outro susto posterior e "acabaram por se ligar a tantos traumas, a ter tantos ensejos de serem reproduzidos pela memória, que interrompiam constantemente o discurso da paciente sem motivo particular, à maneira de um tique sem sentido" [26]. Reflectindo na relação temporal entre os diferentes núcleos de recordações, e no modo como se associavam a um efeito traumático, Freud foi levado a elaborar o conceito de *nachträglichkeit*, ou "acção diferida", em cujos termos são acontecimentos posteriores, ainda que triviais, que intervêm para redespertar o afecto associado a memórias anteriores que não foram vividas como traumáticas no seu tempo, mas que passam a sê-lo quando inseridas num encadeamento de acontecimentos articulados.

No caso de *Frau* Emmy, o resultado obtido não foi uma cura completa. Freud explica este insucesso sustentando que não fora possível chegar a um esclarecimento completo das circunstâncias e que, por isso, a catarse não pôde tornar os seus efeitos extensivos aos traumas "secundariamente associados". Reitera assim a necessidade de não deixar lacunas por preencher. Numa nota de rodapé, Freud expressa inequivocamente uma exigência de exaustividade e de atenção sem preconceitos:

Posso dar aqui a impressão de insistir demasiado nos pormenores de cada sintoma e de me perder numa elucidação desnecessária de signos emaranhados. Mas acabei por compreender que a determinação dos sintomas histéricos se estende de facto às manifestações mais subtis e que só dificilmente lhes atribuiremos demasiado sentido [27].

Com efeito, estamos aqui perante o embrião de um sistema alternativo de construção narrativa conjunta. Trata-se de um modo de proceder que só é possível mediante o trabalho conjugado da paciente e do terapeuta. O papel da paciente é fornecer a história (atentamente acolhida pelo terapeuta que a extrai das suas palavras) sem omissão sequer dos pormenores aparentemente mais irrelevantes; irrelevantes, entenda-se, até que o terapeuta lhes conceda o lugar apropriado na história da paciente.

O caso de *Frau* Emmy von N., no prosseguir da elaboração da ideia de cura pela palavra do modo que vimos, inevitavelmente começa por contar a história da colaboração entre a paciente e o analista. Decerto, nesta primeira versão essa história assume mais a feição de uma luta entre o jovem Freud – ansioso por afirmar a sua autoridade – e uma paciente aristocrática e rica, "que se agarrava tão obstinadamente aos seus sintomas", insistindo a todo o momento em que lhe dessem boas razões para os abandonar – paciente que desafiava Freud à sua altura [28]. Subjacente à exigência de colaboração, podemos descobrir a linguagem da resistência, tomada tanto no seu sentido militar como no seu sentido psicanalítico emergente. As armas de Freud eram as mesmas de que dispunham Charcot e Bernheim: a hipnose e a sugestão. Freud ordenava, bem como escutava e explicava; ia ao ponto de dar ordens pós-hipnóticas a Frau Emmy, como que para convencer ambos da autoridade e competência profissional do próprio Freud.

Nos casos subsequentes, um Freud ambivalentemente autoritário insiste na investigação da génese de cada sintoma individualmente considerado. Já não se serve da hipnose como aliada quando se ocupa do caso de *Miss* Lucy R., uma jovem governanta inglesa que sofria de estranhas alucinações olfactivas. Lucy trabalhava longe de casa e da família para um rico e severo viúvo com filhos pequenos, e a sua história dir-se-ia directamente extraída de um romance gótico. As tentativas de Freud de produção de um estado de transe tinham falhado e ele via-se obrigado a confiar na qualidade das reminiscências da sua paciente. O que só seria conseguido, gradual e dolorosamente, com Freud a conduzir a sua paciente através de três níveis diferentes de tomada de consciência à medida que levava a narrativa a fases de complexidade sempre crescentes. O objectivo declarado neste caso era "obrigar o grupo psíquico que fora dissociado a voltar a unir-se à consciência do eu"[29]. Daqui decorria que os diferentes domínios psíquicos que as suas pacientes habitavam estavam inter-relacionados. Freud invocava o precedente de Bernheim que já mostrara que "as recordações dos acontecimentos que têm lugar durante o sonambulismo só *aparentemente* são esquecidos no estado desperto e podem ser reavivados por meio de uma moderada palavra de comando"[30].

O papel de Freud foi-se cada vez mais claramente definindo como o de alguém que suscita reminiscências. A redescoberta das recordações levaria a narrativa da paciente a graus cada vez mais elevados de integração. Freud no seu papel de analista tornava a paciente capaz de lembrar e de partilhar com ele essas recordações, a despeito da relutância evidente da segunda. As suas interpretações estratégicas funcionavam do mesmo modo que haviam funcionado as suas sugestões: eram as armas de que se servia contra as resistências das pacientes. Todavia, também serviam de pontos de referência à narrativa da paciente, fazendo-a aceder a outro nível e alterando radicalmente a natureza da história contada, como o abrupto dobrar de uma esquina.

No caso de *Miss* Lucy, esse momento ocorreu quando Freud lhe sugeriu que estava apaixonada pelo patrão. Daí em diante, "ela deixou de manifestar resistência ao esclarecimento das origens dessa inclinação", que a paciente até então de maneira alguma indicara. Mas uma nova alucinação olfactiva – a fumo de charuto, substituindo o anterior cheiro a farinha queimada – alerta Freud para o facto de a história não estar completa. Freud relaciona o novo cheiro com o temperamento violento do patrão. E Freud tinha a última palavra. Lucy teve de enfrentar a sua explicação: amava o patrão. Confirmou-o plenamente, e respondeu a Freud que lhe perguntava porque não a admitira antes com o paradoxo de saber e não saber ao mesmo tempo:

Não sabia ou, melhor, não sabia que sabia. Queria tirar essa ideia da cabeça e não voltar a pensar nela; e julguei mais tarde que tinha conseguido [31].

Tratava-se de uma ilustração perfeita do conceito psicanalítico de denegação.

O serviço prestado por Freud à histérica não consistia apenas na eliminação dos seus sintomas, mas permitia-lhe também aceder ao conhecimento do seu próprio desejo, um desejo experimentado como em conflito não só com o que era possível, mas com o que era permissível socialmente ou, na verdade, permissível à concepção de si próprio do si-próprio. No caso cuja exposição completa o volume, o de Elizabeth von R., o sintoma histérico da paciente, uma dor debilitante nas pernas, revela ter por causa a sua incapacidade de reconhecer o amor que sentia pelo marido da sua irmã, bem como o pensamento que tivera perante o leito de morte dessa irmã: "Ele pode agora ser meu." É no quadro desta dinâmica de conflito que emerge o conceito psicanalítico de recalcamento. Os sintomas histéricos são causados pela contradição entre dois impulsos: um desejo que não aceita limites e um desejo de conformidade segundo os limites que a sociedade impõe. O que abre caminho à posterior elaboração daquilo que Freud considerava a pedra angular da sua teoria, o complexo de Édipo. No entanto, ao tempo estava ainda implícito nas suas concepções da histeria que o método que utilizava tinha por base a descoberta de acontecimentos traumáticos efectivamente ocorridos na vida das suas pacientes. Nesta fase, a cura pela palavra era essencialmente uma cura pela catarse.

A sexualidade, a sedução
e o complexo de Édipo

Na sua "História do Movimento Psicanalítico" (1914), Freud recorda como três dos seus mestres – Charcot, Breuer e o ginecologista vienense Rudolf Chrobak – colocavam a concepção de uma sexualidade problemática (em que o desejo entra em contradição com a incapacidade de encontrar realização plena) no coração das suas concepções das neuroses em geral e, em particular, da histeria. É muito referida a declaração de Charcot, dizendo a Freud, num tom de voz excitado, que em casos que tais se tratava sempre de "*la chose génitale*" – "a coisa genital". Chrobak, ao ser confrontado com uma paciente que continuava virgem ao fim de dezoito anos de casamento, ter-lhe-ia dito que a única receita capaz de a pôr boa era uma receita que ele não podia escrever-lhe: "*penis normalis, dosim, repetitur*"[32]. Mas traduzamos: "Ela tem falta é de uma boa foda", eis o que todos, de facto, dizem. Algumas mulheres poderão concordar, mas noutras o sentimento suscitado por semelhante tese bastará para suscitar, por si só, um acesso histérico de cólera ou de riso. Uma mulher precisará de um homem como um peixe de uma bicicleta?

A atribuição à mulher de uma sexualidade voraz fez parte dos muitos discursos sustentados em torno da histeria. Mas para Freud já não estava em causa uma condenação moral explícita ou implícita, com os seus subentendidos escabrosos. O que entrava em jogo com a sexualidade era simplesmente um aspecto da sua elaboração dos efeitos do conflito psíquico. Tratava-se de qualquer coisa que teria de ser universalmente aplicável, implicando também os homens, implicando-o também a ele próprio. Havia aqui uma lição inicial, decisiva para a filosofia de base da psicanálise ("Conhece-te a ti próprio"), que era necessário aprender e que tinha a ver com a questão do "reconhecimento do desejo" – questão que se referia tanto ao médico como à paciente. Um aspecto afim, e a experiência de Breuer mostrava-o, tinha a ver com o reconhecimento e o uso do fenómeno da *transferência*. Distinguindo-se da técnica da sugestão de Bernheim, que orientava as ordens dadas aos pacientes, a transferência colocava a relação terapêutica no centro da cura, e simultaneamente deslocava-a a partir do aqui e do agora. O analista torna-se uma imagem de substituição de figuras importantes da vida passada dos pacientes; no caso de Anna O., presumivelmente, do pai enfermo ao qual ela prestara os seus cuidados. A transferência funciona assim como o contraponto do complexo de Édipo, considerado pela psicanálise o fenómeno universal do amor e do ódio da criança pelos seus progenitores.

Quando Freud começou a especializar-se no tratamento das pacientes histéricas verificou que os seus casos, uns atrás dos outros, apontavam para uma *causa única* enquanto origem do trauma: situações de abuso sexual sofridas na infância, as mais das vezes por acção de um membro da família, sendo este com frequência o pai. Freud pensou que descobrira uma via consistente e segura de explicação da neurose, até ao momento em que deparou com um aspecto que arruinava essa explicação: o enorme número de casos de "sedução" que tais que lhe eram referidos. A excessiva multiplicação das "seduções" desafiava o senso comum. A "sedução" não podia representar aos seus olhos uma explicação geral da neurose, porque Freud não podia acreditar que todos os neuróticos tivessem sido "seduzidos". O que o forçou a procurar a chave dos fenómenos neuróticos alhures. Foi assim levado a deslocar a causa do trauma de um factor externo para um factor interno: a vida da fantasia própria da histérica, os seus próprios desejos, forneceriam assim a solução do enigma da reminiscência, e esta solução era universalmente aplicável, valia para toda a gente, tanto para o neurótico como para o não-neurótico, tanto para a paciente como para o médico:

Deparou-se-me uma ideia única dotada de validade universal. Descobrira, também no meu caso, (o fenómeno do) amor pela minha mãe e do ciúme pelo meu pai, e considero-o hoje um facto universal da infância recuada [33].

Com efeito, Freud descobrira a sua solução relativa ao modo de funcionamento do psiquismo humano em geral no complexo de Édipo. No seu estudo do caso seguinte e célebre entre todos, "Fragmento de Análise de um Caso de Histeria", ou caso de Dora, Freud procederia decididamente à sua aplicação.

Dora, Freud e a ingovernabilidade do desejo

Dora era o pseudónimo de uma rapariga de dezoito anos que fora endereçada a Freud pelo seu pai, depois de uma ameaça de suicídio. Sofria, havia algum tempo, de uma série de sintomas histéricos relativamente moderados e, mais geralmente, adoptava em casa um comportamento intratável. A perturbação que transtornava mais o seu pai referia-se às acusações que a filha proferia contra ele e os amigos mais chegados da família; um casal, a que o texto de Freud chama "os K.". Dora sustentava que o pai tinha uma ligação com a esposa de K., e que, para obter a complacência do marido desta, se dispunha a fechar os olhos perante o facto de *Herr* K. assediar abertamente a sua própria filha. Em vez de fazer com que uma Dora enfurecida "visse a razão", Freud, conseguindo assim maior crédito junto dela, declarou desde o começo que acreditava nos complexos jogos amorosos que a jovem lhe descrevia. Todavia, inflectiu as coisas à sua maneira. Encorajou Dora a examinar a sua própria implicação activa na história – quer dizer, a olhar para o seu próprio desejo. Infelizmente, Freud tinha também uma ideia própria bem definida sobre a via que esse desejo deveria tomar e tomaria: nos termos da lógica edipiana orientar-se-ia para o pai, e para as suas figuras de substituição, nomeadamente *Herr* K. Os seus sintomas histéricos já não eram considerados como resultantes de um trauma psíquico, mas nos termos específicos dos conflitos de Dora em torno do seu reconhecimento e elaboração daquilo que (segundo esses termos delimitados) ela própria queria.

O caso de Dora pode ser olhado como portador da marca da ambivalência de Freud frente ao seu novo papel de "inventor da psicanálise": o texto era um foro público onde as suas intuições sobre a psique humana poderiam ser sistematizadas e transmitidas. O seu conhecimento assumia agora uma utilidade diferente, mais estratégica. E, consequentemente, o seu papel terapêutico tornava-se mais insistente e mais forte, mas sem silenciar por completo o paciente. Na sua narrativa do caso, Freud descreve a "resistência" de Dora às suas interpretações, com um real sentimento de irritação. Acusa-a de "brincar aos segredos", desacredita as suas persistentes afirmações declarando que não acha *Herr* K. atraente, e assim por diante.

Mas, apesar de tudo, Freud não nega a voz a Dora. Pode tornar claro que "o médico sabe mais" com uma autoridade digna de Charcot ("um não quer dizer sim, e um sim quer dizer sim", declara notavelmente Freud);

todavia, a forma que adopta para organizar a sua exposição da história do tratamento é conscientemente fragmentária. O que é indicado pelo título oficialmente atribuído ao texto e por uma detida reflexão constante do prefácio acerca da natureza fragmentária da própria narrativa histérica, que Freud compara com

um rio inavegável cuja corrente é a certa altura barrada por massas de rocha e noutra se divide e perde entre terras planas e bancos de areia [34].

É só na última versão, após um prolongado trabalho analítico que a narrativa constituirá uma "história de caso inteligível, consistente e sem interrupções" [35]. A história de Dora nunca chegaria a esse ponto – uma vez que a jovem abandonou o tratamento –, mas havia também qualquer coisa no modo como Freud entendia a interacção de ambos que impedia a história de se tornar completa. Sob este aspecto, é significativa a observação de Toril Moi:

O texto de Freud oscila sem parar entre o seu desejo de compreender ou conhecer plenamente e uma apreensão (ou medo) inconsciente do estatuto fragmentário, diferido do próprio conhecimento [36].

Na medida em que Dora interompe o tratamento e se recusa a confirmar aquilo que Freud sustenta ser o conhecimento *dele* do desejo *dela* (seja por *Herr* K., pelo seu pai ou pelo seu analista), abre-lhe um espaço em que Freud – tanto ao nível da narrativa como ao da teoria – pode aprender com ela. O conhecimento psicanalítico que Freud acaba por adquirir com Dora, embora de modo relutante e limitado, refere-se à natureza lábil e incessantemente surpreendente do próprio desejo. Duas notas de rodapé finais minam – ou, pelo menos, complicam imensamente – todo o edifício do texto, tanto de um ponto de vista teórico como de um ponto de vista narrativo. Nessas notas de rodapé, Freud admite ter negligenciado a "mais forte corrente inconsciente da vida psíquica (de Dora)": o seu amor por *Frau* K. [37]. Os exames críticos subsequentes deste caso, a começar pelo de Jacques Lacan, assinalam o facto evidente de toda a insistência de Freud visando levar Dora a reconhecer o seu desejo veicular o não-reconhecimento do seu próprio desejo. Identificando-se com um *Herr* K. viril, Freud ignora a sua própria contratransferência, resultando ela dos investimentos e identificações do analista, e acaba, por isso, por interpretar Dora em termos distorcidos [38]. Não aprende a lição que a histérica tenta proporcionar-lhe; nomeadamente, a da ingovernabilidade do desejo. O que os leitores da história do caso

Dora descobrem um século mais tarde, todavia, não é a história de uma lésbica em potência, mas antes a de uma jovem mulher portadora de múltiplas identificações e desejos diferentes. Aspira possuir os homens *e* as mulheres presentes na sua vida, quer ser semelhante a eles *e* o mais possível diferente deles. Dora – ou Ida Bauer, de seu verdadeiro nome – acabou mais tarde por casar, mas manteve-se em contacto com *Frau* K. (*Frau* Zellenka). Ambas se associaram tornando-se, na década de 1930, professoras de *bridge* em Viena [39].

Histeria, feminismo e psicanálise

O caso de Dora constituiu, na década de 1970, um alvo privilegiado de diversas críticas feministas concertadas que consideravam que Freud e a teoria psicanalítica se baseavam em princípios patriarcais que silenciavam as mulheres, lhes impunham modos de comportamento ou de pensamento que as enfraqueciam, e confirmavam as ideias socialmente dominantes sobre a masculinidade e a feminidade, privilegiando a primeira em detrimento da segunda. A dificuldade com Dora, a dificuldade com as histéricas, era precisamente a inconformidade que ela e elas manifestavam [40].

É interessante recordar que a articulação entre a insatisfação da mulher com o seu destino e a histeria foi claramente estabelecida por um discurso de finais do século XIX e começos do século XX. Por um lado, assistia-se, por exemplo, à circulação de panfletos que procuravam desacreditar as sufragistas acusando-as de histeria. Por outro lado, os estudos do caso de Freud e de Breuer referem que as suas pacientes eram, todas elas, mulheres inteligentes frustradas no exercício das suas capacidades intelectuais. Georgette Dega, uma das primeiras mulheres da Europa a levar a cabo estudos de medicina, estagiou na Salpêtrière e chegou em grande medida à mesma conclusão, um pouco mais cedo, através da observação das histéricas de Charcot [41].

A acusação de histeria era uma arma de dois gumes: a histérica era tida, ora por alguém que se conformava excessivamente com os modelos tradicionais de feminidade, ora por alguém que rejeitava esses modelos. A sufragista pertencia claramente ao segundo tipo. Mas que dizer das mulheres cujo desempenho Charcot encenava na Salpêtrière? Que dizer das actrizes, das *demimondaines* ou até das respeitáveis condessas que se retiravam com os "nervos desfeitos" para o interior de quartos de cama às escuras? As feministas do século XX atacaram a questão, perguntando: "A histeria será uma reacção positiva ou negativa perante realidades sociais opressivas e frustrantes?" Ou seja: a histérica será uma rebelde ou uma vítima? Uma primeira vaga de investigações, com origem numa aliança entre a antipsiquiatria e o feminismo, considerou a totalidade da história da doença como um esforço concertado por parte dos médicos e sacerdotes visando compreender, controlar e, em disso sendo caso, desacreditar as mulheres. Os sintomas da histeria eram manifestações corporais dos agravos vedados à voz das mulheres. Todavia, a história torna-se um pouco mais intricada quando examinamos mais de perto as vidas das mulheres em causa.

Houve investigadores que chamaram a atenção para a verdadeira identidade de Anna O., Bertha Pappenheim. Embora a intervenção de Breuer tenha estado longe de conseguir uma cura imediata, Bertha Pappenheim tornou-se numa figura pioneira dos movimentos de mulheres na Alemanha, consagrando a sua vida a uma variedade de causas ligadas à promoção das condições de existência das mulheres. Poderia a histeria ser um factor de potenciação mais que de incapacidade? "Anna O." canalizou aquilo que a fazia sofrer para uma actividade de transformação das condições sociais. Segundo este modelo, a histeria torna-se uma ala exaltada do feminismo, mais que um efeito da opressão patriarcal. Mas é importante termos presente que, no caso de Bertha Pappenheim, a afecção histérica e o activismo feminista não coincidiram. Melhor, foi através da perlaboração da primeira que ela chegou ao segundo. Uma coisa e outra nasceram do mesmo mal-estar, mas representaram orientações da acção diferentes [42].

De todas estas pacientes do final do século XIX, foi a figura de Dora a que mais suscitou a cristalização da imaginação feminista, tendo-se tornado para muitas feministas um objecto de admiração. A batalha que a sua vontade travou com a de Freud, a sua obstinação e o seu egoísmo adolescentes, e o seu parcial triunfo final através da interrupção do tratamento têm servido de tema de inspiração a diferentes escritos feministas. Dora, uma heroína? Mas é insuficiente louvar a histérica por resistir às interpretações dos médicos que visam impor-lhe o seu controlo, do mesmo modo que não basta lamentá-las como vítimas silenciadas daqueles. Torna-se, em contrapartida, mais fecundo considerar a *ambiguidade* da posição histérica. O seu papel de doente comporta uma resistência passiva e um sofrimento reconhecido, o que lhe concede uma nova espécie de estatuto no interior da família. Como Carroll Smith-Rosenberg num texto inovador sobre as perturbações nervosas das classes abastadas da Nova Inglaterra do século XIX:

Deixava de se dedicar às necessidades dos outros, agindo como uma esposa, mãe ou filha auto-sacrificada: por meio da sua histeria podia forçar e de facto forçava outros a assumirem essas funções [...] Através da sua doença, a mulher que recolhia ao leito acabava por dominar a sua família numa medida que teria sido considerada inconveniente – ou, na realidade, agressiva – por parte de uma mulher saudável[43].

Por outras palavras, a histeria manifestava-se *ao mesmo tempo* como uma consequência patológica do patriarcado e como a sua subversão. Havia uma cumplicidade (na sua maior parte inconsciente) entre os médicos – que eram pagos para observar as mulheres histéricas confinadas no interior das casas de família burguesas –

e as suas pacientes, cuja condição era ao mesmo tempo o resultado e a expressão dos conflitos e limitações intoleráveis das suas vidas. Por cada Bertha Pappenheim que arranjava maneira de superar o paradoxo, havia muitas outras que não o conseguiam. Mas pode-se sustentar que a Bertha feminista já não era a Bertha histérica. Era uma mulher casta, grave, séria, intensamente empenhada que fundou orfanatos, combateu a prostituição e lutou contra o abuso do álcool. Mas alguns de nós podemos ter a impressão, como é o caso da escritora Patricia Dunker, que se torna também necessário "reinvestir o sexo na política sexual e o espírito de campanha na campanha"[44].

Quanto às lições feministas da própria histeria, devemos olhar para outro lado e, talvez, para os aspectos contraditórios das relações médico-doente que a enquadravam no final do século XIX. recordemos os espectáculos erotizados da Salpêtrière. As estrelas em cena tiraram sem dúvida algum proveito do facto de assim darem aos médicos aquilo que estes queriam: conquistaram atenção, notoriedade, melhor tratamento. Foram, de facto, as trocas verbais animadas da jovem Ida Bauer com o seu médico que inspiraram numerosos escritos posteriores. Dora e Freud tinham, cada um deles, aquilo de que o outro necessitava. Ela não era nem uma vítima nem uma heroína, e ele não era nem um vilão nem um médico desinteressado – ou talvez ambos fossem um pouco umas e outras coisas. As lições teóricas que a psicanálise extrai da histeria comportam precisamente esta *qualidade contraditória* da histeria. A histérica, segundo os termos usados por Freud, é alguém a quem as suas fantasias não permitem escolher ser um rapaz ou uma rapariga. A histérica e também o histérico é alguém que está sempre em estado de desejo mas recusa as responsabilidades ou as consequências desse desejo – alguém, ela ou ele, que quer ter mas se recusa a ter. E o que é que, nos termos da teoria psicanalítica, é a posse visada em última instância? O pénis, é claro: a potência fálica. E é precisamente o poder do falo, o motivo e o cimento do patriarcado, que a histérica ao mesmo tempo quer e rejeita. Por isso, é aqui também que assentam ao mesmo tempo o compromisso histérico e a sua potencial acção subversiva.

Os perigos da masculinidade

Mas que dizer, então, dos homens? Segundo a psicanálise, mantêm, ao que parece, uma relação de identificação com as leis sociais diferente da das mulheres. Bem vistas as coisas, estas leis – que se fundam na ameaça de castração e na submissão a um supereu baseado na fantasia de um pai omnipotente – dir-se-ia que lhes dizem mais directamente respeito que às mulheres. O que quer dizer que, no interior dos dispositivos psicossociais existentes, os homens têm *tudo* a perder: os seus pénis (as mulheres, dizem-nos, são já castradas) e o seu estatuto (o filho que acata as injunções paternas fá-lo compreendendo que também poderá vir a ser pai um dia, mas a filha não tem essa opção). De facto, a questão controversa da histeria masculina foi um aspecto importante do discurso do século XIX sobre a doença. A tese que afirmava a sua existência era, por exemplo, um dos temas predilectos de Charcot: tinha necessidade da histeria masculina para reforçar a ideia de que a histeria deitava raízes no sistema nervoso. Consequentemente, as suas descrições dos ataques dos pacientes do sexo masculino na Salpêtrière adoptavam o mesmo modelo que descrevia as mulheres. Todavia, não estava apenas em causa o desfazer do laço que associava a histeria e o corpo feminino. A histeria, como já vimos, tornara-se sinónimo de uma tendência para o excesso dos comportamentos femininos.

Para dar conta da susceptibilidade potencial dos homens à histeria, o discurso do século XIX recorreu a dois principais esquemas explicativos. Os homens, por contraste com as mulheres, tendiam a adoecer na sequência de um choque físico e não de um choque psíquico. Por exemplo, havia trabalhadores robustos que eram vítimas de acidentes industriais e que, embora as suas lesões se revelassem superficiais do ponto de vista físico, ficavam completamente incapacitados. O esquema explicativo alternativo consistia em desmaculinizar os pacientes, passando a considerá-los como homens que não eram bem homens. Assim, as potenciais vítimas seriam descritas como homens efeminados, ou pertencentes a certos grupos raciais "suspeitos", como os árabes ou os judeus. A linguagem da poluição hereditária e a patologia médica entravam então em jogo. Além disso, alguns dos homens em causa eram ilustrações de um tipo que começava a emergir nos discursos médicos. De acordo com a tese célebre de Michel Foucault no primeiro volume da sua *História da Sexualidade* (1976), foi então que

foi constituída a categoria psicológica, psiquiátrica e médica da homossexualidade [...] menos por um tipo de relações sexuais que por uma certa qualidade da sensibilidade sexual, uma certa maneira de inverter o masculino e o feminino no interior do sujeito[45].

Estas qualidades, o masculino e o feminino, são claramente entendidas não como categorias de essência absolutas, mas como ideais interiorizados que se considera que o sujeito deve seguir ou aos quais deve resistir. A histeria transforma-se assim numa solução masculina perante o fardo imposto pela masculinidade, mas uma solução que se expressa em termos associados ao feminino. A mulher é a rebelde original, a que tem menos a perder, porque tem menos.

Na primeira categoria reconhecida de histéricos do sexo masculino – a categoria do "trabalhador" – são as obrigações do esforço, do dever e do desempenho das tarefas em todas as circunstâncias, que causam as crises. São precisamente estas virtudes masculinas que são abundantemente exigidas nas aterradoras condições das trincheiras da Primeira Grande Guerra. Foi nesse período que os homens se tornaram de súbito o grupo mais visivelmente afectado. Embora o diagnóstico de histeria estivesse disponível, os médicos e os jornalistas chamavam à doença "choque de granada" (*"shell-shock"*) *, aludindo ao choque físico imediato da explosão de uma granada, que era identificado como causa da perturbação. O novo nome tornava o mal mais respeitável e credível. Mas, tal como a histeria nas mulheres, o quadro incluía estranhas perturbações corporais que pareciam não ter relação com lesões físicas reais. Como no caso da histeria, a sinceridade do paciente era posta em questão, sendo que a situação de guerra tornava as coisas ainda mais graves. Deste modo, foram numerosas as vítimas que se viram acusadas de cobardia ou foram submetidas a tribunais militares e executadas em vez de hospitalizadas. A resposta dos médicos militares era ditada pela situação em que se encontravam: a sua prioridade era fazer com que os soldados voltassem para a frente de combate, recorrendo com frequência para esse efeito a meios mecânicos como a aplicação de choques eléctricos. Mas alguns dos médicos que se ocupavam dos combatentes, como Sándor Ferenczi, amigo chegado de Freud, tinham recebido também uma formação na disciplina ao tempo recente da psicanálise. Associando

---

* Ou "neurose traumática" *(N. do T.).*

explicitamente as perturbações dos soldados à concepção psicanalítica da histeria, estavam perfeitamente conscientes de que também nos casos referidos o sintoma indicava a existência de um conflito. No seu artigo "Dois Tipos de Neurose de Guerra" (1916), Ferenczi ligava esta última à ideia que os soldados faziam de si próprios como homens que entravam em conflito com as realidades da situação. Os sintomas mais comuns, como graves perturbações do andar, eram referidos a uma ruptura das defesas narcísicas e à regressão subsequente a uma incapacidade infantil. Os soldados cambaleavam ao moverem-se como crianças de tenra idade [46].

Tais teorias são compatíveis com a visão destes homens como profundamente afectados no que se refere às virtudes masculinas que lhes haviam fornecido o seu sentido de si próprios. Juliet Mitchell formula nos seguintes termos a injunção com que eles se confrontavam:

A tarefa dos homens era clara: aceita a lei do pai e não serás histérico [47].

Enquanto homens, a socialização edipiana torna-os ao mesmo tempo suportes e identificados com o princípio da lei paterna. Assim, quando a violência se torna intolerável, as armações da masculinidade cedem, e esta revela-se uma máscara. A resposta alternativa consiste em admitir que uma certa noção da masculinidade é insustentável. Enquanto os estereótipos da "rainha histérica" na nossa cultura poderão ter origem na homofobia e expressar a rigidez das concepções relativas ao comportamento prescrito aos homens e às mulheres, o *travesti* – precisamente como a mulher histérica do século XIX – pode ser também considerado como alguém que conhece a falsidade da imposição dessas concepções e as subverte por meio de um desempenho excessivamente perfeito.

Pensemos, por exemplo, nesse clássico de Hollywood que é a comédia *Some Like it Hot* (1959). Os dois principais representantes do sexo masculino, Jack Lemmon e Tony Curtis, desempenham os papéis de dois músicos que querem fugir da multidão, e passam a maior parte do filme travestidos, escondendo-se no meio de um grupo musical "só de raparigas" cuja principal vocalista é Marylin Monroe. Deliciosa ironia: Lemmon e Curtis representam a feminilidade ao lado da representante suprema, entre todas as mulheres, dessa mesma feminilidade! A cena final, contudo, contorna *Miss* Monroe e é digna de ser aqui lembrada. A máscara feminina de

Jack Lemmon, Daphne, tenta repelir os avanços de um milionário, Osgood, particularmente persistente.

DAPHNE: *[...] Fui franca contigo – não podemos casar de maneira alguma.*
OSGOOD: *Por que não?*
DAPHNE: *Em primeiro lugar, o meu louro não é natural.*
OSGOOD: *Não tem importância.*
DAPHNE: *E fumo, fumo o tempo todo.*
OSGGOD: *Não me faz diferença.*
DAPHNE: *Mas sou uma mulher com passado. Vivi durante três anos com um saxofonista.*
OSGOOD: *Eu perdoo-te.*
DAPHNE: *Não posso ter filhos.*
OSGOOD: *Podemos adoptá-los.*
DAPHNE: *Não estás a perceber, Osgood... Oh, eu sou um homem!*
OSGOOD: *Bom... ninguém é perfeito* [48].

Ora se vê, ora não

Os soldados da Primeira Grande Guerra foram o último grupo significativo de pacientes a sofrer de histeria. Facto, contudo, que estava longe de ser ponto assente. Embora alguns psiquiatras, particularmente os versados em psicanálise, reconhecessem explicitamente a natureza do mal como perturbação histérica, foi o nome de "choque de granada"* que vingou. No decorrer do século XX, o diagnóstico de histeria conheceu um processo de extinção virtual. Ao mesmo tempo, no entanto, o termo continua a ser muito usado no dia-a-dia. Além disso, o seu interesse como tema de investigação, sobretudo no campo das humanidades, tem aumentado, conhecendo o seu nível máximo na última década.

Embora a histeria continua quase ausente dos manuais de diagnóstico psiquiátrico, continua, também, ainda que quase silenciosamente, a interessar a profissão. Foram recentemente publicados dois livros dedicados à histeria, por dois psicanalistas em exercício, Christopher Bollas e Juliet Mitchell. O primeiro sustenta que a histe-

---

* Ou "neurose de guerra" *(N. do T.)*.

ria nunca desapareceu, subsumida embora sob os termos mais gerais de diagnóstico de "perturbação da personalidade *borderline*" *. Bollas ressuscita a presença da histérica no mundo contemporâneo, retratando-a ao vivo numa vasta amostra de histórias clínicas baseadas no seu próprio trabalho analítico, bem como no de analistas que supervisou. E a histérica (ou, muitas vezes, o histérico) é uma figura inquietantemente familiar, com a sua sexualidade conflitual, a sua sedução, a sua ausência, acompanhadas ainda pela compulsão de ocupar o centro da cena, como vemos na seguinte passagem extraída da descrição que um paciente homossexual faz de si próprio:

Queria pôr os meus amantes doidos, quer dizer, levá-los realmente à loucura. Porque quando os engatava, queria que

---

* Tendo entrado o termo *borderline* sido directamente importado para o português pela linguagem clínica, recorde-se apenas que significa "de fronteira", ou "fronteiriço". Numa primeira aproximação, pode dizer-se, citando Charles Rycroft (*A Critical Dictionary of Psychoanalysis,* Londres, Thomas Nelson and Sons, 1968), que o paciente ou caso *borderline* "se encontra na fronteira entre a neurose e a psicose", configurando uma variedade psicopatológica que "desafia a categorização", ou que, apresentando embora "mecanismos psicóticos", se refere a um sujeito "cujo comportamento não autoriza que seja tratado como psicótico" *(N. do T.).*

houvesse um encantamento erótico, queria mergulhar no sexo, e... ficava possesso, sim, ficava possesso. Deixava-me arrastar pelo entusiasmo, deixava-me levar. E o meu amante levava-me com ele, mas quando chegávamos à altura de foder, havia qualquer coisa que me dominava... uma espécie de... bom, uma sensação estranha de estar à beira da santidade[49].

A histeria nunca poderia ter desaparecido, sustenta Bollas, porque é uma reacção à emergência da tomada de consciência da sexualidade na infância; mais precisamente, uma reacção à reacção dos pais (ou de aceitação ou de rejeição) dessa emergência e do corpo da criança como potencialmente sexual. A sexualidade – e o seu avatar, a histeria – transforma o lugar até então seguro da criança no interior da família, e as suas relações com os pais, segundo um processo que se refere aos dois géneros. Mas continua, como em épocas anteriores, a associar-se ao fardo da feminidade.

A tese de Juliet Mitchell é bastante diferente. Também ela afirma que a histeria é uma reacção humana ao conflito potencialmente universal. Todavia, ao contrário de Bollas que segue uma linha de argumentação que é sob todos os aspectos e para todos os efeitos edipiana (centrada nas relações triangulares de amor e de ódio entre a criança e os pais), a tese de Juliet Mitchell é que o cenário edipiano de Freud subestima de facto os conflitos que as relações *entre irmãos* implicam. Os irmãos são as primeiras relações sociais laterais da criança e, por isso, a origem da infelicidade histérica. São as relações com os irmãos que levam à ruptura do narcisismo de "sua majestade o bebé"[50]; um histérico (e esta lógica implica-nos a todos) é alguém que se confronta com o facto intolerável do seu estatuto dispensável. Não há alguém que seja especial, todos podemos ser substituídos. Juliet Mitechell define uma base social e o campo de aplicação alargados à histeria tanto entre os indivíduos como entre as nações, tornando possível que a pulsão de morte, a inveja e a agressão ocupem o centro da cena e colocando a violência no interior da fraternidade humana. Analisa, por exemplo, o modo como as pressões da situação de guerra podem suscitar uma paralisia histérica no soldado marcado pelo conflito, mas o conflito manifesta-se também na experiência demasiado comum da violação. O que fica por esclarecer é que lugar resta, se é que resta algum, a uma variedade de reivindicação histérica mais ligada à criação e à regeneração[51].

Mas por que foi a histeria reduzida a uma existência subterrânea no discurso clínico? Segundo o historiador da medicina, Marc Micale, a histeria cresceu até ao ponto de ruptura, tendo-se tornado um diagnóstico demasiado genérico e englobante em finais do século XIX, altura em que era como um "enorme cesto de papéis da medicina", nos termos de um seguidor de Charcot. Nas primeiras décadas do século XX, fragmentou-se simplesmente em diferentes espécies de perturbações, tendo aparecido novos diagnósticos em função dos sintomas doravante isolados segundo novos quadros de distribuição. Por exemplo, as perturbações do apetite, que tinham sido um dos mais correntes sintomas de histeria, passavam a ser agora "novas" perturbações: anorexia, bulimia, ingestão compulsiva de alimentos. De modo análogo, a personalidade múltipla poderia ser assim interpretada como um rebento da histeria [52].

Elaine Showalter também sustenta que há certos fenómenos de massa inexplicáveis que são a versão da histeria própria da nossa época. Analisa seis modernas "formas de histeria epidémica" diferentes: a síndrome da fadiga crónica, a síndrome da Guerra do Golfo, a obstrução da memória, a síndrome da personalidade múltipla, os rituais de abuso satânicos e a expulsão de estrangeiros. Todos estes fenómenos se ligam à questão que se levanta quanto à realidade efectiva de certos motivos de aflição que são, seja como for, profundamente sentidos pelas – e causa de profunda perturbação para as – pessoas afectadas. Elaine Showalter descreve temas de debate – acerca da credibilidade dos pacientes, o esforço visando demonstrar da materialidade de formas de infelicidade subjectivas, a dinâmica da prova e a natureza carismática da cura – que têm repercussões surpreendentes sobre a contextualização da histeria e o seu tratamento [53]. Todavia, estes modernos modos de expressão do sofrimento e do conflito têm ao seu dispor os recursos da era da informação. Como refere Klaus Theweleit:

São epidemias transmitidas, epidemias electronicamente difundidas e organizadas pelos media, *causando certos sintomas "histórico-histéricos". O traço característico comum da sua difusão é também a marca da sua realidade – e uma grande vantagem em seu favor* [54].

A sua taxa de crescimento, difusão e/ou quebra evolui mais rapidamente que em tempos anteriores. A histeria, de combate generalizado apesar de individual, assume a forma de fenómenos sociais que podem ser rejeitados e desprezados por muitos, mas que conseguem sempre maneiras de forjar alianças. O que parece ter-se perdido de vista, nestas descrições da extensão e da disseminação da histeria, é a questão de sabermos se ela pode ou não funcionar ainda como um sinal de dissidência.

Algumas conclusões

Louis Aragon e André Breton, nas páginas do jornal *La Révolution surréaliste*, apontavam a histeria como uma actividade revolucionária exemplarmente humana:

A histeria é um estado mental mais ou menos irredutível, caracterizado por uma subversão das relações estabelecidas entre o sujeito e o mundo moral, do qual o sujeito histérico crê ter-se praticamente libertado, à margem de todos os sistemas delirantes. Este estado mental assenta na exigência de uma sedução recíproca, que explica os milagres precipitadamente reconhecidos da sugestão (ou contra-sugestão) médica. A histeria não é um fenómeno patológico e pode, sob todos os aspectos, ser considerada uma forma de expressão superior [55].

A figura clássica da histérica comporta um apelo criador em que muitos artistas insistiram ao longo dos últimos cem anos. Há múltiplos exemplos desta variedade de tomada de posição: da glorificação pelos surrealistas, nos seus panfletos e na sua poesia, das estrelas de Charcot, à reelaboração em termos de objectos quotidianos da iconografia da Salpêtrière levada a efeito por Mary Kelly, em 1984-1985, no seu trabalho intitulado "Corpus", e à recriação do célebre acesso histérico por Louise Bourgeois por meio de um corpo de homem contorcido e esculpido em bronze, o "Arco da Histeria", datado de 1993. Mas estaremos, de facto, como dizem Aragon e Breton, perante uma "subversão do mundo moral"?

Quando penso naquilo a que a nossa cultura chama histeria, há algumas imagens/usos que sobressaem aos meus olhos. É significativo que se refiram à dimensão dos fenómenos de massa; por outras palavras, as identificações histéricas entram em jogo quando as crenças e os modos de comportamento passam a ser partilhados entre os membros de um grupo: o teu desejo torna-se o meu desejo, torna-se o desejo dele e dela. A primeira imagem que me ocorre é a de adolescentes que gritam num concerto, diante do seu ídolo em carne e osso. Sejam os *Beatles* ou *Britney Spears,* a "mania" é idêntica. Depois penso nas claques, no limiar da violência, dos desafios de futebol, que passam e voltam a passar rapidamente do clubismo ao racismo mais repugnante. Ou então, de novo em multidões reclamando o sangue de pessoas acusadas de molestarem crianças, de assassinarem crianças, quando não de crianças assassinas. Num segundo conjunto de histerias contemporâneas, penso na ideia de grupos – associações de cidadãos interessados ou legisladores – que procuram banir ou regulamentar isto ou aquilo. Os objectos da sua ira podem variar muito: Marilyn Manson, a idade em que o consentimento entre homossexuais é legalmente reconhecido, o uso de drogas, o consumo de carne, a proliferação de armas nucleares à margem do controlo seguro do Ocidente, etc. Mas dou-me então conta de um aspecto paradoxal: quando as pessoas se unem em grupos que veiculam comportamentos ou defendem as suas posições de maneiras a que podemos chamar histéricas, a histeria perde na realidade o seu poder de protesto. Parece passar a funcionar como uma categoria vazia. Pouco importa o que se quer ou não se quer: qualquer coisa que seja pode potencialmente ocupar o lugar do desejo. Neste contexto, poderá ainda a histeria ser mais que simples exasperação, reacção exacerbada – reacção estúpida ou ineficaz, no melhor dos casos, reacção assassina, nos casos piores?

A melhor maneira de compreender a histeria, como a sua história mostra, parece ser, portanto, considerá-la um acto de protesto e de rebelião de um *indivíduo contra* certas condições sociais, que todos os seres humanos, todos os géneros, podem partilhar. A histeria tem os seus riscos, mas mais cedo ou mais tarde, todos incorremos neles ou lutamos contra eles. Para o melhor e para o pior.

Enquanto a sessão prosseguia, sentia-me dominado por dois estados de espírito completamente diferentes. Por um lado, Achava-a extremamente atraente e profundamente comovente, e totalmente necessitada de auxílio. Por outro, impunha-me o seu inferno e eu perguntava-me que poderia fazer ou não com ela e como poderia "assumi-la"[56].

> *Vejo-te tremer de a...preensão*
> *Mas talvez a culpa seja da chuva*
> *Por isso removerei a causa (ha ha ha)*
> *Mas o sintoma não* [57].

Leituras suplementares

APPIGNANESI, Lisa, e FORRESTER, John, *Freud's Women*, Londres, Weidenfeld and Nicholson, 1992.

BERNHEIMER, Charles, e KAHANE, Claire (eds.), *In Dora's Case: Freud-Hysteria-Feminism*, Nova Iorque, Columbia University Press, 1985.

BRONFEN, Elisabeth, *The Knotted Subject: Hysteria and Its Discontents*, Princeton, Princeton University Press, 1998.

BOLLAS, Christopher, *Hysteria*, Londres, Routledge, 2000.

BUTLER, Judith, *Gender Trouble: Feminism and the Subversion of Identity*, Londres, Routledge, 1990.

CIXOUS, Hélène, e CLÉMENT, Catherine, *The Newly Born Woman* (1975), trad. inglesa, Minneapolis, University of Minnesota Press, 1986.

DAVID-MÉNARD, Monique, *Hysteria from Freud to Lacan: Body and Language in Psychonalysis* (1983), trad. inglesa, Ithaca, Cornell University Press, 1989.

ELLENBERGER, Henri, *The Discovery of the Unconscious* (1970), Londres, Fontana, 1994.

EVANS, Martha Noel, *Fits and Starts: A Genealogy of Histery in Modern France*, Ithaca, Cornell University Press, 1991.

FOUCAULT, Michel, *Madness and Civilisation: a History of Insanity in the Age of Reason* (1962), trad. inglesa, Nova Iorque, Random House, 1965.

——, *The History of Sexuality*, vol. 1 (1976), trad. inglesa, Harmondsworth, Penguin, 1990.

FREUD, Sigmund, "Fragment of an Analysis of a Case of Hysteria" (1905), in *Standard Edition*, vol. 7.

——, e BREUER, Josef, *Studies in Hysteria* (1895), in *The Standard Edition of the Complete Psychological Works of Sigmund Freud*, trad. inglesa de James Strachey, Londres, Hogarth Press, vol. 2, 1953-1974.

GILMAN, Sander, *et al.*, *Hysteria Beyond Freud*, Berkeley, University of California Press, 1993.

GOLDSTEIN, Jan, *Console and Classify: the French Psychiatric Profession in the Nineteenth Century*, Cambridge, Cambridge University Press, 1987.

MICALE, Marc, *Approcaching Hysteria: Disease and its Interpretation*, Princeton, Princeton University Press, 1995.

MITCHELL, Juliet, e ROSE, Jacqueline (eds.), *Feminine Sexuality*, Londres, Macmillan, 1982.

MITCHELL, Juliet, *Mad Men and Medusas*, Londres, Allen Lane, 2000.

SHOWALTER, Elaine, *The Female Malady: Women, Madness and English Culture*, Nova Iorque, Pantheon, 1985.

——, *Hystories: Hysterical Epidemics and Modern Culture*, Londres, Picador, 1998.

SMITH-ROSENBERG, Carroll, *Disorderly Conduct: Visions of Gender in Victorian America*, Nova Iorque, Knopf, 1985.

Notas

[1] Sigmund Freud, "Feminity", in *New Introductory Lectures on Psychoanalysis* (1932), in *The Standard Edition of the Complete Psychological Works of Sigmund Freud* (24 vols., cit. a partir daqui *SE*), trad. inglesa de James Strachey, Londres, Hogarth Press, vol. 20, 1953-1974.

[2] Freud, *The Interpretation of Dreams,* in *SE,* vols. 4/5, cap. VII.

[3] A histeria foi um tema consistente de interesse da psicanálise lacaniana. Ver, por exemplo, Monique David-Ménard, *Hysteria from Freud to Lacan,* trad. inglesa de Catherine Porter, Ithaca, NY, Cornell University Press, 1989; Juan-David Nasio, *Hysteria from Freud to Lacan: The Splendid Child of Psychoanalysis,* trad. inglesa de Susan Fairfield, Nova Iorque, Other Press, 1998. Outros livros recentes consagrados ao tema da histeria por analistas da Escola Britânica serão discutidos adiante.

[4] Ver Marc Micale, *Approaching Hysteria: Disease and its Interpretations,* Princeton, NJ, Princeton University Press, 1995; Etienne Trillat, *Histoire de l'hystérie,* Paris, Seghers, 1986; Ilza Veith, *Hysteria: the History of a Disease,* Chicago, Chicago University Press, 1965.

[5] Platão, *Timaeus, in* Edith Cameron e Huntington Cairns (eds.), "Plato: Collected Dialogues", trad. de Benjamin Jowett, Princeton, NJ, Princeton University Press, 1978, p. 1210.

[6] Sobre a hereditariedade no discurso médico e social do século XIX, ver Jean Borie, *Mythologies de l'hérédité au XIXe siècle,* Paris, Galilée, 1981; Daniel Pick, *Faces of Degenration: a European Disorder, 1848-1918,* Cambridge, Cambridge University Press, 1989.

[7] Sobre os antecedentes do mesmerismo, ver Leon Chertok e Raymond de Saussure, *La Naissance du psychanalyste de Mesmer à Freud,* Paris, Payot, 1973; Robert Darnton, *Mesmerism and the End of the Enlightenment in France,* Cambridge, MA, Harvard University Press, 1968; Alison Winter, *Mesmerized: Powers of Mind in Victorian England,* Chicago, Chicago University Press, 1998.

[8] Jean Martin Charcot, *Leçons du Mardi faites à la Salpêtrière. Policlinique 1887-1888,* Paris, Progrès médical, Delahaye et Lecrosnier, 1888, pp. 100-101.

[9] Georges Didi-Huberman, *Invention de l'Hystérie: Iconographie photografique de la Salpêtrière,* Paris, Macula, 1982.

[10] Charcot, *Leçons sur les maladies du système nerveux faites à la Salpêtrière,* 3 vols., Paris, Progrès médical, 1872-1887, vol. 1, p. 303.

[11] Ruth Harris, "Introduction", *in* Charcot, *Clinical Lectures of Diseases of the Nervous System,* Londres, Routledge, 1991, pp. 9-68.

[12] Hyppolite Bernheim, *De la suggestion et de ses applications à la thérapeutique,* Paris, Douin, 1886, p. 145.

[13] Ruth Harris, *Murders and Madness: Medicine, Law and Society in the Fin de Siècle,* Oxford, Clarendon Press, 1989.

[14] Pierre Janet, *L'État mental des hystériques: les stigmates mentaux,* Paris, Rueff, 1892, p. 158.

[15] *Ibid.,* p. 159.

[16] Charcot, *Clinique des maladies du système nerveux,* Paris, Alcan, 1892-1893, vol. 1, pp. 97-117.

[17] Charcot, 1888, pp. 322-323.

[18] Jules Liégeois, *De la suggestion et du somnambulisme dans leurs rapports avec la jurisprudence et la médecine légale,* Paris, Douin, 1889, pp. 468-472.

[19] Charcot, 1888, pp. 322-323.

[20] Charcot, 1892, pp. 103-104.

[21] Freud e Josef Breuer, Studies in Hysteria (1895), in *SE,* vol. 2, p. 25.

[22] Peter Gay, *Freud: a Life for our Times,* Londres, Macmillan, 1989, p. 67.

[23] Freud e Breuer, 1895, p. 7.

[24] *Ibid.,* p. 35.

[25] *Ibid.,* p. 49.

[26] *Ibid.,* p. 93.

[27] *Ibid.*

[28] *Ibid.,* p. 99.

[29] *Ibid.,* p. 123.

[30] *Ibid.,* p. 109.

[31] *Ibid.,* p. 117.

[32] Freud, "History of the Psychoanalytic Movement" (1914), in *SE,* vol. 14.

[33] Freud, *in* Jeffrey Masson (ed.), *The Complete Letters of Sigmund Freud to Wilhelm Fliess,* Cambridge, MA, Harvard University Press, 1985, p. 272.

[34] Freud, "Fragment of an Analysis of a Case of Hysteria" (1905), in *SE,* vol. 7, p. 16.

[35] *Ibid.,* p. 18.

[36] Toril Moi, "Representation and Patriarchy: Sexuality and Epistemology in Freud's Dora", *in* Charles Bernheimer e Claire Kahane (eds.), *In Dora's Case: Freud – Hysteria – Feminism,* Nova Iorque, Columbia University Press, 1982, p. 187.

[37] Freud, *SE,* vol. 7, n. da p. 120. A última história de caso de Freud – "A Case of Homosexuality in a Woman" ("Um Caso de Homossexualidade Feminina"), de 1920, in *SE,* vol. 18, pp. 147-172 – regressa, vinte anos mais tarde, a este aspecto negligenciado. É interessante notar o contraste na atitude de Freud perante os dois casos (as suas interpretações são mais estritas, mais prementes, no caso de Dora, por exemplo), mas também as semelhanças: a incompreensão perante o desejo de uma mulher.

[38] Jacques Lacan, "Intervention on Transference", *in* Juliet Mitchell e Jacqueline Rose (eds.), *Feminine Sexuality,* Londres, Macmillan, 1982, pp. 61-73.

[39] Lisa Appignanesi e John Forrester, *Freud's Womem,* Londres, Weidenfeld and Nicholson, 1992, p. 167.

[40] Ver os ensaios coligidos *in* Bernheimer e Kahane, 1982, *op. cit.;* Hélène Cixous e Catherine Clément, *The Newly Born Woman* (1975), trad. inglesa de Betsy Wing, Manchester, Manchester University Press, 1986; Elaine Showalter, *The Female Malady: Women, Madness and English Culture,* 1830-1980, Nova Iorque, Pantheon, 1985.

[41] Elaine Showalter, *Hystories: Hysterical Epidemics and Modern Culture,* Londres, Picador, 1998, pp. 52-53.

[42] Para uma abordagem feminista da figura de Anna O., ver Diane Hunter, "Hysteria, Psychoanalysis and Feminism: The Case of Anna O.", in *Feminist Studies* (1983), vol. 9, pp. 465-488, e

para uma abordagem em termos de revisão clínica, Max Rosenbaum e Melvin Muroff (eds.), *Anna O.: Fourteen Contemporary Reinterpretations,* Londres, Free Press, 1984.

[43] Carroll Smith-Rosenberg, "The Hysterical Woman: Sex Roles and Role Conflict in Nineteenth Century America", in *Disordely Conduct: Visions of Gender in Victorian America,* Oxford, Oxford University Press, 1985, p. 208.

[44] Patricia Dunker, "Post-Gender: Jurassic Feminism Meets Queer Politics", *in* Martin McQuillan, Graeme MacDonald, Robin Purves e Stephen Thomson (eds.), *Post-Theory: New Directions in Criticism,* Edimburgo, Edinburgh University Press, 1999, p. 60.

[45] Michel Foucault, *The History of Sexuality,* vol. 1 (1976), trad. inglesa de Robert Hurley, Harmondsworth, Penguin, 1990, p. 43.

[46] Sándor Ferenczi, "Two Types of War Neurosis", *in* Julia Borossa (ed.), *Sándor Ferenczi: Selected Writings,* Harmondsworth, Penguin, 1999, pp. 129-146.

[47] Juliet Mitchell, *Mad Men and Medusas,* Londres, Allen Lane, 2000, p. 52.

[48] *Some Like it Hot* (1959), guião de Billy Wilder e I. A. L. Diamond, realização de Billy Wilder (USA).

[49] Christopher Bollas, *Hysteria,* Londres, Routledge, 2000, p. 99.

[50] Freud, "On Narcissism: An Introduction" (1914), in *SE,* vol. 14, p. 102.

[51] Mitchell, 2000, *op. cit.*

[52] Micale, 1995, *op. cit.*

[53] Showalter, 1998, *op. cit.*

[54] Klaus Theweleit, "Forms of hysteria in the Age of Modern media: Ghost Carriers and Protagonists of Hysterical Epidemics", in Silvia Eiblmayr, Dirk Snauwaert, Ulrich Wilmes e Matthias Winzen (eds), *Hysterie, Korper, Technik in der Kunst des 20 Jahrhunderts,* Munique, Octagon, 2000, pp. 189-190.

[55] Citado in Elisabeth Bronfen, *The Knotted Subject: Hysteria and its Discontents,* Princeton, Princeton University Press, 1998, p. 174.

[56] Bollas, 2000, *op. cit.,* p. 128.

[57] *(I see you shiver with antici…pation / But maybe the rain is really to blame / So I'll remove the cause (ha ha ha) / But not the symptom.)* "Sweet Transvestites", from *The Rocky Horror Picture Show* (1975), música e palavras de Richard O'Brien.

Índice

Enigmas, definições	5
Uma abordagem "histórica"	11
Espírito, matéria e comportamento	15
Charcot e o espectáculo da materialidade	21
O poder da sugestão	27
Pacientes indignas de confiança: vistas mas não escutadas	33
A histeria e a "cura pela palavra"	37
A sexualidade, a sedução e o complexo de Édipo	49
Dora, Freud e a ingovernabilidade do desejo	53
Histeria, feminismo e psicanálise	59
Os perigos da masculinidade	65
Ora se vê, ora não	73
Algumas conclusões	79
Leituras suplementares	83
Notas	85